Iris A. Viola

# BLÜTENMEER
# Notizbuch

AF199627

*Format: 60 Seiten, 14,8x21 cm; 90 g/m2*

*Bibliografische Information der Deutschen Nationalbibliothek:*
*Die Deutsche Nationalbibliothek verzeichnet diese Publikation in der*
*Deutschen Nationalbibliografie;*
*detaillierte bibliografische Daten sind im Internet über http://dnb.dnb.de abrufbar.*

*© 2019 Iris A. Viola 1. Auflage*
*Covergrafik, Texte, Bilder: © 2019 Iris A. Viola*
*Herstellung und Verlag: BoD – Books on Demand, Norderstedt*

*ISBN: 9783750434462*

Weitere Notizbücher von Iris A. Viola aus der Blüten – Notizbuchreihe:

| | | | |
|---|---|---|---|
| Blütenfantasie | Blütenwelt | Blütenernte | Blütenrot |
| Blütenknospen | Blütenfreude | Blütenfest | Blütentraum |
| Blütenspiel | Blütenwelt | Blütenpracht | Blütenrausch |
| Blütentempel | Blütenblau | Blütenwald | Blütenmagie |

Blütenzauber     Blütenrosa     Blütengeflecht     Blütenfrucht

Blütenkunst     Blütenmeer